Made in the USA
Las Vegas, NV
16 November 2021

34559908R00062